CHOIX

DE

CHANSONS NATIONALES

PAR MM. BÉRANGER, CASIMIR LAVIGNE,
É. DEBRAUX, DESAUGIERS, ETC.

1831.

CHOIX DE CHANSONS

NATIONALES.

LOUIS-PHILIPPE chantant la Marseillaise avec le
Peuple, au Palais Royal. (Août 1830.)

CHOIX

DE

CHANSONS NATIONALES

ANCIENNES, NOUVELLES ET INÉDITES.

PAR MM. P.-J. BÉRANGER, CASIMIR LAVIGNE,
EMILE DEBRAUX, DÉSAUGIERS, ARMAND
GOUFFÉ, J. PAIN, etc., etc., etc.

PARIS.

CHEZ LES MARCHANDS DE NOUVEAUTÉS.

1831.

CHOIX
DE CHANSONS
ANCIENNES, NOUVELLES ET INÉDITES.

LA MARSEILLAISE.

Air *de la marche des Marseillais.*

Allons, enfans de la patrie,
Le jour de gloire est arrivé.
Contre nous de la tyrannie
L'étendart sanglant est levé. (bis.)
Entendez-vous, dans les campagnes,
Mugir ces féroces soldats?
Ils viennent jusque dans vos bras
Égorger vos fils, vos compagnes.

Aux armes, citoyens! formez vos bataillons,
Marchez, marchez, qu'un sang impur
Abreuve nos sillons.
Marchons, marchons, qu'un sang impur
Abreuve nos sillons.

Que veut cette horde d'esclaves,
De traîtres, de rois conjurés?

1

Pour qui ces ignobles entraves,
Ces fers dès long-temps préparés? (bis)
Français, pour nous, ah! quel outrage,
Quels transports il doit exciter!
C'est nous qu'on ose méditer
De rendre à l'antique esclavage!

Aux armes, citoyens! etc.

Quoi! ces cohortes étrangères
Feraient la loi dans nos foyers:
Quoi! ces phalanges mercenaires
Terrasseraient nos fiers guerriers.
Grand Dieu! par des mains enchaînées,
Nos fronts sous le joug se ploîraient!
De vils despotes deviendraient
Les maîtres de nos destinées!

Aux armes, citoyens! etc.

Tremblez, tyrans; et vous, perfides,
L'opprobre de tous les partis.
Tremblez; vos projets parricides
Vont enfin recevoir leur prix: (bis.)
Tout est soldat pour vous combattre;
S'ils tombent, nos jeunes héros,
La terre en produit de nouveaux,
Contre vous tout prêts à combattre.

Aux armes, citoyens! etc.

Nous entrerons dans la carrière
Quand nos aînés n'y seront plus;
Nous y trouverons leur poussière
Et les traces de leurs vertus. (bis.)
Bien moins jaloux de leur survivre
Que de partager leur cercueil,
Nous aurons le sublime orgueil
De les venger ou de les suivre.

Aux armes, citoyens! etc.

Français, en guerriers magnanimes,
Portez ou retenez vos coups:
Épargnez ces tristes victimes
A regret s'armant contre nous (bis.)
Mais ces despotes sanguinaires,
Mais les complices de Bouillé,
Tous ces tigres qui sans pitié
Déchirent le sein de leur mère.

Aux armes, citoyens! etc.

Amour sacré de la patrie,
Conduis, soutiens nos bras vengeurs!
Liberté, liberté chérie,
Combats avec tes défenseurs! (bis.)
Sous nos drapeaux que la victoire
Accoure à tes mâles accens;

Que tes ennemis expirans
Voient ton triomphe et notre gloire.

Aux armes, citoyens! formez vos bataillons!
Marchez, marchez, qu'un sang impur
    Abreuve vos sillons.
Marchons, marchons, qu'un sang impur
    Abreuve nos sillons.

ROUGET DE L'ISLE.

~~~~~~~~~~~~~~~~~~~~~~~~~~~~~~~~

LA PARISIENNE.

Peuple français, peuple de braves,
La liberté rouvre ses bras.
On nous disait: Soyez esclaves!
Nous avons dit: Soyons soldats!
Soudain Paris, dans sa mémoire,
A retrouvé son cri de gloire:
    En avant, marchons
    Contre leurs canons!
A travers le fer, le feu des bataillons,
    Courons à la victoire! (*bis*.)

Serrez vos rangs, qu'on se soutienne!
Marchons! Chaque enfant de Paris
De sa cartouche citoyenne
Fait une offrande à son pays;

O jour d'éternelle mémoire!
Paris n'a plus qu'un cri de gloire :

En avant! etc.

La mitraille en vain nous dévore :
Elle enfante des combattans ;
Sous les boulets voyez éclore
Ces vieux généraux de vingt ans.
O jour d'éternelle mémoire !
Paris n'a plus qu'un cri de gloire :

En avant! etc.

Pour briser leurs masses profondes,
Qui conduit nos drapeaux sanglans?
C'est la liberté des deux mondes,
C'est Lafayette en cheveux blancs.
O jour d'éternelle mémoire !
Paris n'a plus qu'un cri de gloire :

En avant! etc.

Les trois couleurs sont revenues,
Et la colonne avec fierté,
Fait briller à travers les nues
L'arc-en-ciel de la liberté.
O jour d'éternelle mémoire !
Paris n'a plus qu'un cri de gloire :
En avant! etc.

1*

Soldat du drapeau tricolore,
D'Orléans, toi qui l'as porté !
Ton sang se mêlerait encore
A celui qu'il nous a coûté.
Comme aux beaux jours de notre histoire,
Tu redirais ce cri de gloire :

En avant ! etc.

Tambours, du convoi de nos frères
Roulez le funèbre signal ;
Et nous, de lauriers populaires
Chargeons leur cercueil triomphal.
O temple de deuil et de gloire,
Panthéon, reçois leur mémoire !
Portons-les ! marchons !
Découvrons nos fronts.
Soyez immortels, vous tous que nous pleurons,
Martyrs de la victoire.

CASIMIR DELAVIGNE.

LA VARSOVIENNE.

Il s'est levé, voici le jour sanglant ;
Qu'il soit pour nous le jour de délivrance !
Dans son essor, voyez notre aigle blanc
Les yeux fixés sur l'arc-en-ciel de France.

Au soleil de juillet, dont l'éclat fut si beau,
Il a repris son vol, il fend les airs, il crie :
   Pour ma noble patrie,
Liberté, ton soleil, ou la nuit du tombeau!...
   Polonais, à la baïonnette!
   C'est le cri par nous adopté ;
   Qu'en roulant le tambour répète :
    A la baïonnette!
    Vive la liberté!

«Guerre! à cheval, cosaques des déserts!
» Sabrons, dit-il, la Pologne rebelle.
» Point de Balkans, ses champs nous sont ouverts;
» C'est au galop qu'il faut passer sur elle. »
Halte! n'avancez pas : ces Balkans sont nos corps;
La terre où nous marchons ne porte que des braves,
   Rejette les esclaves,
Et de ses ennemis ne garde que les morts.
   Polonais, etc.

Pour toi, Pologne, ils combattront tes fils,
  Plus fortunés qu'au temps où la victoire
  Mêlait leur cendre aux sables de Memphis,
  Où le Kremlin s'écroula sous leur gloire.
Des Alpes au Thabor, de l'Ebre au Pont-Euxin,
Ils sont tombés vingt ans sur la rive étrangère.
   Cette fois, ô ma mère!
Ceux qui mourront pour toi, dormiront sur ton sein.
   Polonais, etc.

Viens, Kosciusko, que ton bras frappe au cœur
Cet ennemi qui parle de clémence :
En avait-il quand son sabre vainqueur
Noyait Praga dans un massacre immense ?
Tout son sang va payer le sang qu'il prodigua :
Cette terre en a soif, qu'elle en soit arrosée :
    Faisons sous sa rosée,
Reverdir le laurier du martyr de Praga.
    Polonais, etc.

Allons, guerriers, un généreux effort
Nous les vaincrons ; nos femmes les défient.
O mon pays, montre au géant du Nord
Le saint anneau qu'elles te sacrifient !
Que par notre victoire il soit ensanglanté ;
Marche, et fais triompher au milieu des batailles
    L'anneau de fiançailles
Qui t'unit pour toujours avec la liberté.
    Polonais, etc.

A nous, Français ! les balles d'Iéna,
Sur ma poitrine ont inscrit mes services ;
A Marengo le fer la sillonna,
De Champaubert comptez les cicatrices.
Vaincre ou mourir ensemble autrefois fut si doux.
Nous étions sous Paris... Pour de vieux frères d'ar-
    N'aurez-vous que des larmes ?   [mes
Frères, c'était du sang que nous versions pour vous!
    Polonais, etc.

O vous du moins dont le sang glorieux
S'est dans l'exil répandu comme l'onde,
Pour nous bénir, mânes victorieux,
Relevez-vous de tous les points du monde!
Qu'il soit vainqueur, ce peuple, ou martyr comme
   vous;
Sous le bras du géant qu'en mourant il retarde,
    Qu'il tombe à l'avant-garde,
Pour couvrir de son corps la liberté de tous.
   Polonais, etc.

   Sonnez, clairons; Polonais, à ton rang[1]
   Suis sous le feu ton aigle qui s'élance.
   La liberté bat la charge en courant;
   Et la victoire est au bout de ta lance.
Victoire à l'étendard que l'exil ombragea
Des lauriers d'Austerlitz, des palmes d'Idumée!
    Pologne bien-aimée,
Qui vivra sera libre, et qui meurt l'est déjà.
   Polonais, etc.

LE MÊME.

LA COCARDE TRICOLORE.

Air du prince Eugène.

Bourbons, qui régniez sur la France
Grâce au secours de vingt peuples divers,
  Eh quoi! malgré notre souffrance,
Au lieu de lois vous nous donniez des fers!
Quand ces grands jours dont la France s'honore
Semblent par vous lâchement oubliés,
Je puis fouler votre cocarde aux pieds,
  Et reprendre la tricolore.

  Salut, ô ma belle cocarde,
Chère aux guerriers d'Ulm et de Friedlan!
  Sur le front de la vieille garde
Reprends enfin, reprends ton noble rang.
Sous cette blanche, hélas! qui déshonore,
Le moindre prince est au dessus de nous :
L'Europe entière était à nos genoux,
  Quand nous portions la tricolore!

  Sous le poignard et sous la hache,
En mille lieux témoins de leurs forfaits,
  Des assassins au blanc panache
Ont fait cent fois couler le sang français,

S'il est tombé du couchant à l'aurore,
Tant de mortels par nos glaives soumis,
C'était du moins le sang des ennemis
    Qu'on versait sous la tricolore.

    Quand, protégé par ses cohortes,
Un roi parut pour la seconde fois,
    Nous croyions, en ouvrant nos portes,
Ne voir en lui qu'un protecteur des lois,
S'il rejeta ce drapeau qu'on arbore,
Peuple français, n'en sois pas mécontent:
Il a bien fait ; il eût, en l'adoptant,
    Déshonoré la tricolore.

    Tôt ou tard le peuple triomphe
Et nous voyons, malgré l'orgueil des rois
    Rentrer sous des arcs de triomphe
Nos étendards et nos antiques droits.
Sur les débris du lis que l'on abhorre,
Nous replantons l'arbre de liberté,
Et, relevant nos fronts avec fierté,
    Nous reprenons la triclore.

EMILE DEBRAUX.

~~~~~~

CHANT DU DÉPART.

La victoire en chantant nous ouvre la barrière,
    La liberté guide nos pas ;

Et du nord au midi la trompette guerrière
   A sonné l'heure des combats.
    Tremblez, ennemis de la France,
    Rois ivres de sang et d'orgueil ;
    Le peuple souverain s'avance ;
    Tyrans, descendez au cercueil !
    La république nous appelle ;
    Sachons vaincre ou sachons périr,
    Un Français doit vivre pour elle ;
    Pour elle un Français doit mourir.

De nos yeux maternels ne craignez point les lar-
   Loin de nous de lâches douleurs ;   [mes;
Nous devons triompher quand vous prenez les ar-
   C'est aux rois de verser des pleurs.   [mes;
   Nous vous avons donné la vie ;
   Guerriers ! elle n'est plus à vous ;
   Tous vos jours sont à la patrie ;
   Elle est votre mère avant nous.
   La république, etc.

Que le fer paternel arme la main des braves ;
   Songez à nous aux champs de Mars :
Consacrez dans le sang des rois et des esclaves
   Ce fer béni par vos vieillards ;
   Et, rapportant sous la chaumière
   Des blessures et des vertus,
   Venez fermer notre paupière,

Quand les tyrans ne seront plus !
La république, etc.

De Barras, de Viala le sort nous fait envie ;
Ils sont morts, mais ils ont vaincu.
Le lâche, accablé d'ans, n'a point connu la vie ;
Qui meurt pour le peuple a vécu.
Vous êtes vaillans, nous le sommes ;
Guidez-nous contre les tyrans,
Les républicains sont des hommes
Les esclaves sont des enfans.
La république, etc.

Partez, vaillans époux ; les combats sont vos fêtes ;
Partez, modèles des guerriers :
Nous cueillerons des fleurs pour en ceindre vos
Nos mains tresseront vos lauriers.   [têtes ;
Et si le temple de mémoire
S'ouvrait à vos mânes vainqueurs,
Nos voix chanteront votre gloire,
Et nos flancs portent vos vengeurs !
La république, etc.

Et nous, sœurs des héros, nous qui de l'hyménée
Ignorons les aimables nœuds,
Si, pour s'unir un jour à notre destinée,
Les citoyens forment des vœux,
Qu'ils reviennent dans nos murailles

2

Beaux de gloire et de liberté,
Et que leur sang, dans les batailles,
Ait coulé pour l'égalité.
La république, etc.

Sur ce fer, devant dieu, nous jurons à nos pères,
   A nos épouses, à nos sœurs,
A nos représentans, à nos fils, à nos mères,
   D'anéantir les oppresseurs.
   En tous lieux dans la nuit profonde
   Plongeant l'infâme royauté,
   Les Français donneront au monde
   Et la paix et la liberté.
   La république nous appelle,
   Sachons vaincre ou sachons périr :
   Un Français doit vivre pour elle ;
   Pour elle un Français doit mourir.

                              CHÉNIER.

LE RÉVEIL D'UNE MÈRE POLONAISE.

Air : *Ma peine a devancé l'aurore.*

Des pleurs qui baignaient ma paupière
La source va donc se fermer !
Mes fils, devançons la lumière,

Le bronze est prêt à s'enflammer.
Les dangers ont pour moi des charmes,
Notre destin va s'accomplir;
Mon cœur se plaît au bruit des armes :
Mes fils, il faut vaincre ou mourir.

Dans les rigueurs de l'esclavage,
En souriant à vos berceaux,
Je vous nourris avec courage
Du lait qui forme les héros.
Des Jagellons l'antique armure
Sur leur tombe vient de frémir ;
Leur cendre s'agite et murmure :
Mes fils, il faut vaincre ou mourir.

Lorsque la nuit nous environne,
Perçant la voûte du tombeau,
Ces rois dépouillés de couronne
De leur linceul font un drapeau.
A leur prunelle étincelante
De vieux soldats viennent s'offrir ;
Aux armes! dit leur voix tonnante,
Enfans, il faut vaincre ou mourir.

Aux aigles des fils de la France
Jadis s'alliaient nos drapeaux ;
Du Polonais la forte lance
Se mariait à leurs faisceaux.

Des nœuds que forma la victoire
Ils ont perdu le souvenir;
A nous sera toute la gloire :
Sans eux sachons vaincre ou mourir.

L'amitié trahit sa promesse :
Allez d'un pas audacieux,
Et quand l'Europe vous délaisse,
Marchez à la face des cieux.
L'aigle blanc, désertant la terre,
Au foudre vengeur va s'unir;
Son vol devance le tonnerre :
Mes fils, il faut vaincre ou mourir.

Partez, mes fils, le clairon sonne;
Partez, et du sein maternel
Élancez-vous à la couronne
Que vous réserve l'Éternel.
Le myrte croît dans la prairie,
Nos vierges iront le cueillir;
Aux lauriers leur main le marie :
Mes fils, il faut vaincre ou mourir.

PINET, Avocat.

LES PARISIENS SONT BONS LA!

Air : *Tra la, la.*

Nous voilà, nous voilà !
Le brutal gronde déjà.
En avant ! c'est rien qu'ça ,
Les Parisiens sont bons là !

Ils nous appelaient canaille,
Eux qui trahiss' leurs sermens.
Ils verront sus l'champ d'bataille
Si nous somm's des braves gens !

Nous voilà, etc.

Ils ont par une imposture,
Norci ces pauv's charbonniers.
Pour venger c'te lâche injure,
Ils se f'ront tuer les premiers !

Nous voilà, etc.

L'moutard mêm' dans l'danger brille ;
Il s'écri' d'un air vainqueur :
« Au lieu d'ball', j'vas prendre une bille ;
» Si j'les tu' pas, j'leux f'rai peur ! »

Nous voilà, etc.

2*

Où vont ces canons qu'ils traînent?
Bon! ça manque à not' rempart.
C'est pour nous qu'ils les amènent...
C'est très-délicat d'leur part.

   Nous voilà, etc.

Je n'somm's pas fort sus l'service;
C'est égal, montrons-nous tous.
Bien plus vit' que l'exercice
La victoir' s'apprend chez nous.

   Nous voilà, etc.

A plus d'un jeun' capitaine,
J'disais: Salut, général!
Ils s'battaient si bien, qu'sans peine
J'aurais dit: mon maréchal.

   Nous voilà, etc.

Quittant Cujas et Barthole,
En rob' noir' j'vois des soldats,
S'ils se serv' bien d'la parole,
Ils s'servent encor mieux du bras!

   Nous voilà, etc.

A tout l'mond' j'veux rendre hommage;
Mais s'il fallait, sans mentir,
Conter tous les traits d'courage,

Ça s'rait à n'en plus finir !
Nous voilà, etc.

Brav's Rouennais, pour la victoire,
Vous venez trop tard d'un jour ;
Buvons toujours à la gloire,
Un' autr' fois ça s'ra vot' tour !
Nous voilà, etc.

Quittant la clique cafarde,
D'Orléans modèl' d'honneur,
S'écri' : C'te noble cocarde,
D'puis long-temps j'l'avais dans l'cœur !
J'suis d'Paris, me voilà,
Et d'moi, comm' de vous, oui dà,
J'espère bien qu'on dira :
Les Parisiens sont bons-là !

Maint'nant que le danger cesse,
Donnons encore à l'enn'mi,
Par not' union, not' sagesse
Un glorieux démenti !
Soyons frèr', et oui dà,
Bientôt l' monde entier dira :
C'est fini, c'est rien qu'ça ;
Des Parisiens sont bons là !

M. SAINT-HILAIRE.

LA LIBÉRALE.

Air : *Gai, gai, marions-nous.*

Bon, bon, donnons-nous l'bras,
Notre alliance sauv' la France,
Bon, bon, donnons-nous l'bras,
Les abus ne r'viendront pas.

Après nos glorieux travaux
S'ils revenaient, les transfuges,
Nous aurions au lieu de juges,
Des prévôts et des bourreaux :
Non, non, donnons-nous l'bras,
Qu'on bénisse la justice :
Non, non, donnons-nous l'bras,
Les Jésuit's ne r'viendront pas.

Nous verrions ces noirs judas,
Envahir les ministères,
Et doter les seminaires
Aux dépens d'nos vieux soldats.
Non, non, donnons-nous l'bras,
Plus d'ces ministres sinistres.
Non, non, donnons-nous l'bras,
Les traîtres ne r'viendront pas.

Quoi! nous verrions désormais,
Ces gendarm's patibulaires
Dont les sabres mercénaires
N'ont versé qu'du sang français.
Non, non, donnons-nous l'bras,
Vils gendarmes bas les armes.
Non, non, donnons-nous l'bras,
Les gendarm's ne r'viendront pas.

Un substitut ennemi,
Valet d'un roi qu'on houspille,
Mettrait dans une Bastille
Fontan et Barthélemy.
Non, non, donnons-nous l'bras,
Plus d'colère judiciaire.
Non, non, donnons-nous l'bras,
Les Menjaud ne r'viendront pas.

Pour chaqu' croyanc' plus d'tracas,
La procession qui passe
Ne forc'ra plus sur la place,
Le Juif à mett' chapeau bas.
Non, non, donnons-nous l'bras,
Qu'la toléranc' règne en France.
Non, non, donnons-nous l'bras,
Les tartuf's ne r'viendront pas.

Plus de ces gens infernaux,
Gendarmes de la pensée;

Que leur horde soit chassée ;
Plus d'baillons pour les journaux.
Non, non, donnons-nous l'bras
Qu'l'imprimerie soit affranchie.
Non, non, donnons-nous l'bras,
Les censeurs ne r'viendront pas.

Aux sottis's du spirituel
La raison va mett' des bornes ;
Et les frèr's à trois cornes,
N'enfonc'ront plus le *mutuel*.
Non, non, donnons-nous l'bras,
Plus d'férule ridicule.
Non, non, donnons-nous l'Lras,
Les fouetteurs ne r'viendront pas.

Gens d'la congrégation,
Dans vot' systême déplorable,
Molièr' s'rait un misérable ;
Talma s'rait un histrion.
Non, non, donnons-nous l'bras,
Qu'on les traîne sur la scène.
Non, non, donnons-nous l'bras,
Les idiots ne r'viendront pas.

Chansonniers d'tous les partis,
Fidèles à vot' principe ;
Chant'rez-vous la Saint-Philippe,
Vous qui chantiez la Saint-Louis.

Non, non, donnons-nous l'bras,
Plus d'hommage, oiseaux d'passage.
Non, non, donnons-nous l'bras,
Les girouett's ne r'viendront pas.

Si l'trône était en danger,
L' défendre c'est nous qu'ça r'garde ;
Nous sommes sa meilleure garde,
Plus d'uniforme étranger.
Non, non, donnons-nous l'bras,
Qu'on les berne jusqu'à Berne.
Non, non, donnons-nous l'bras,
Les Suisses ne r'viendront pas.

Ami, partout j'ai couru ;
Je n'ai point vu de robe noire ;
Depuis que l' coq chante victoire,
Les dindons ont disparu.
Bon, bon, donnons-nous l'bras,
Qu'on l's'escorte jusqu'à la porte.
Bon, bon, donnons-nous l'bras,
Les dindons ne r'viendront pas.

A MES AMIS DEVENUS MINISTRES.

AIR *de Préville et Taconet.*

Non, mes amis, non je ne veux rien être;
Semez ailleurs places, titres et croix.
Non, pour les cours Dieu ne m'a pas fait naître:
Oiseau craintif, je fuis la glu des rois,
Que me faut-il? maîtresse à fine taille,
Petit repas et joyeux entretien.
De mon berceau près de bénir la paille,
En me créant, Dieu m'a dit: Ne sois rien.

Un sort brillant serait chose importune
Pour moi, rimeur, qui vis de temps perdu.
M'est-il tombé des miettes de fortune,
Tout bas je dis: ce pain ne m'est pas dû:
Quel artisan, pauvre, hélas! quoiqu'il fasse,
N'a, plus que moi, droit à ce peu de bien?
Sans trop rougir fouillons dans ma besace.
En me créant, Dieu m'a dit: Ne sois rien.

Au ciel, un jour, une extase profonde
Vient me ravir, et je regarde en bas:
De là mon œil confond dans notre monde
Rois et sujets, généraux et soldats:

Un bruit m'arrive : est-ce un bruit de victoire ?
On crie un nom ; je ne l'entends pas bien.
Grands dont là bas je vois ramper la gloire,
En me créant, Dieu m'a dit : Ne sois rien.

Sachez pourtant, pilotes du royaume,
Combien j'admire un homme de vertu,
Qui regrettant son hôtel ou son chaume,
Monte au vaisseau par tous les vents battu ;
De loin, ma voix lui crie : heureux voyage !
Priant de cœur pour tout grand citoyen ;
Mais au soleil je m'endors sur la plage.
En me créant, Dieu m'a dit : Ne sois rien.

Votre tombeau sera pompeux sans doute ;
J'aurai sous l'herbe une fosse à l'écart :
Un peuple en deuil vous fait cortége en route ;
Du pauvre, moi, j'attends le corbillard.
En vain l'on court où votre étoile tombe :
Qu'importe alors votre gîte ou le mien ?
La différence est toujours une tombe.
En me créant, Dieu m'a dit : Ne sois rien.

De ce palais, souffrez donc que je sorte ;
A vos grandeurs je devais un salut.
Amis, adieu, j'ai derrière la porte,
Laissé tantôt mes sabots et mon luth.
Sous ces lambris avec vous accourue

3

La liberté s'offre à vous pour soutien ;
Je vais chanter ses bienfaits dans la rue.
En me créant, Dieu m'a dit : Ne sois rien.

BÉRANGER.

LE VIEUX DRAPEAU.

Air : *Elle aime à rire, elle aime à boire.*

De mes vieux compagnons de gloire
Je viens de me voir entouré.
Nos souvenirs m'ont enivré ;
Le vin m'a rendu la mémoire.
Fier de mes exploits et des leurs.
J'ai mon drapeau dans ma chaumière :
Quand secoûrai-je la poussière
Qui ternit ses nobles couleurs ?

Il est caché sous l'humble paille
Où je dors pauvre et mutilé,
Lui qui, sûr de vaincre, a volé
Vingt ans de bataille en bataille,
Chargé de lauriers et de fleurs,
Il brilla sur l'Europe entière :
Quand secoûrai-je la poussière
Qui ternit ses nobles couleurs ?

Ce drapeau payait à la France
Tout le sang qu'il nous a coûté.

Sur le sein de la liberté
Nos fils jouaient avec sa lance.
Qu'il prouve encor aux oppresseurs
Combien la gloire est roturière :
Quand secoûrai-je la poussière
Qui ternit ses nobles couleurs ?

Son aigle est resté dans la poudre,
Fatigué de lointains exploits.
Rendons-lui le coq des Gaulois,
Il sut aussi lancer la foudre.
La France oubliant ses douleurs,
Le rebénira, libre et fière.
Quand secoûrai-je la poussière
Qui ternit ses nobles couleurs ?

Las d'errer avec la victoire,
Des lois, il deviendra l'appui.
Chaque soldat fut, grâce à lui,
Citoyen aux bords de la Loire.
Seul, il peut voiler nos malheurs ;
Déployons-le sur la frontière.
Quand secoûrai-je la poussière
Qui ternit ses nobles couleurs ?

Mais il est là, près de mes armes,
Un instant osons l'entrevoir.
Viens, mon drapeau ; viens, mon espoir.

C'est à toi dessuyer mes larmes:
D'un guerrier qui verse des pleurs,
Le ciel entendra la prière :
Oui, je secoûrai la poussière
Qui ternit ses nobles couleurs.

BÉRANGER.

~~~~~~

LES GUEUX.

Air première ronde du départ pour Saint-Malo.

Les gueux, les gueux,
Sont les gens heureux ;
Ils s'aiment entre eux.
Vivent les gueux !

Des gueux chantons la louange.
Que de gueux hommes de bien !
Il faut qu'enfin l'esprit venge
L'honnête homme qui n'a rien.
Les gueux, les gueux,
Sont les gens heureux ;
Ils s'aiment entre eux.
Vivent les gueux !

Oui, le bonheur est facile
Au sein de la pauvreté :

J'en atteste l'Évangile ;
J'en atteste ma gaîté.

> Les gueux, les gueux,
> Sont les gens heureux ;
> Ils s'aiment entre eux,
> Vivent les gueux !

Au Parnasse, la misère
Long-temps a régné, dit-on.
Quels biens possédait Homère ?
Une besace, un bâton.

> Les gueux, les gueux,
> Sont les gens heureux ;
> Ils s'aiment entre eux,
> Vivent les gueux !

Du faste qui vous étonne,
L'exil punit plus d'un grand ;
Diogène, dans sa tonne,
Brave en paix un conquérant.

> Les gueux, les gueux,
> Sont les gens heureux ;
> Ils s'aiment entre eux,
> Vivent les gueux !

D'un palais l'éclat vous frappe :
Mais l'ennui vient y gémir.
On peut bien manger sans nappe,

3*

Sur la paille on peut dormir.
    Les gueux, les gueux,
    Sont les gens heureux;
    Ils s'aiment entre eux.
    Vivent les gueux!

Quel dieu se plait et s'agite
Sur ce grabat qu'il fleurit?
C'est l'amour qui rend visite
A la pauvreté qui rit.
    Les gueux, les gueux,
    Sont les gens heureux,
    Ils s'aiment entre eux.
    Vivent les gueux!

L'amitié que l'on regrette
N'a point quitté nos climats;
Elle trinque à la guinguette
Assise entre deux soldats.
    Les gueux, les gueux,
    Sont les gens heureux,
    Ils s'aiment entre eux.
    Vivent les gueux!

LE MÊME.

MADAME D'ANGOULÊME

ET SON PETIT CHIEN.

Air *de la Bourbonnaise.*

Madame d'Angoulême,
On dit qu'elle est très-blême;
Car ell' trouve un carême
Au lieu d'un mardi-gras.

 Ah! quel malheur!
Ah! ah! ah! ah! ah! ah! ah! ah!
 Ah! quel malheur!
Ah! ah! ah! ah! ah! ah! ah! ah!
 C'n'est point un mardi-gras.

Cette pauvre duchesse
Plaignez donc sa détresse,
Sans aller à confesse,
Peut-être qu'el' mourra.
 Ah! quel malheur! Ah! etc.

Gardes royaux et Suisses,
Gendarmes et complices,
Tombent ou déguerpissent,
Plantant leur maître là.
 Ah! quel malheur! Ah! etc.

L'dauphin, saisi de crainte,
Dit: C'n'est p't'êt' qu'une feinte ;
Papa, soyez sans crainte ;
Mon bras vous servira.
Ah ! quel malheur ! Ah ! etc.

Au diable, lui dit Charles,
Depuis que tu me parles,
Déjà je s'rais dans Arles ;
M'faut des jamb's, non des bras.
Ah ! quel malhenr ! Ah ! etc.

Je vois, dit la dauphine,
Qu'il faut changer d'cuisine ;
La providenc' divine
N'nous abandonn'ra pas.
Ah ! quel malheur ! Ah ! etc.

C'est grâce à son suffrage,
Que Charlot, le très sage,
Échoua, jour de rage !
Croyant nous mettre au pas.
Ah ! quel malheur ! Ah ! etc.

Du peuple, ma cravache ,
Disait cette bravache,
Va rabatt' la moustache,
Et pas un n' soufflera.
Ah ! quel malheur ! Ah ! etc.

Charles, voulant lui plaire,
Se mit donc en colère,
Et la civile guerre
Dans Paris éclata.
    Ah ! quel malheur ! Ah ! etc.

Mais, quoi ! v'là la canaille
Qui, bravant la mitraille,
Contre son roi bataille,
Criant : Charlot, à bas !
    Ah ! quel malheur ! Ah ! etc.

Hélas ! dans la bagarre,
Son bichon, chien très-rare,
S'est perdu. Sort barbare !
Lui qui n'la quittait pas.
    Ah ! quel malheur ! Ah ! etc.

Avec notre ex-monarque,
Enfin elle s'embarque,
Sans prendre d'contremarque,
C'est qu'y ne r'viendront pas.
    Ah ! quel bonheur !
Ah ! ah ! ah ! ah ! ah ! ah ! ah ! ah !
    Ah ! quel bonheur !
Ah ! ah ! ah ! ah ! ah ! ah ! ah ! ah !
    C'est qu'y ne r'viendront pas.

~~~~~~

LE GRAND DÉMÉNAGEMENT ROYAL.

Air : *Je suis l'sergent Mathieu.*

Charles nous dit adieu,
   Nom de Dieu!
Il va passer la Manche.
Si Marmont l'pousse un peu,
   Nom de Dieu!
Il s'embarqu'ra dimanche,
   Nom de Dieu!
Avec sa cocarde blanche,
   Nom de Dieu!
Avec sa cocarde blanche.

Il faut partir, mon fieux, N. de D.
Et marcher un train d'chasse ;
C'est un peu plus sérieux, N. de D.
Que d'chasser la bécasse ; N. de D.
Car c'est l'gibier qui nous chasse, N. de D.
Car c'est l'gibier qui nous chasse.

Au s'cours, mon p'tit bon Dieu, N. de D.
Mes Suis's sont infidèles.
Si vous vouliez d'votr' feu, N. de D.

Foudroyer ces rebelles, N. de D.
Je vous brûl'rais d'fièr's chandelles, N. de D.
Je vous brûl'rais d'fièr's chandelles !..

Si c'damné d'Donnadieu, N. de D.
Accourait à notre aide,
Pour nous tirer d'ce lieu, N. de D.
P't-être ben qu'y aurait du r'mède, N. de D.
En attendant faut que j'cède, N. de D.
En attendant faut que j'cède,

Peyronnet le bout'-feu, N. de D.
S'en promettait un' belle;
Mais l'budget fait long feu, N. de D.
On renverse notre écuelle, N. de D.
Où donc est l'ami Villèle, N. de D.
Où donc est l'ami Villèle.

Rotschild, écoute un peu, N. de D.
Prête-moi sur parole.....
Mais pas un fess'-mathieu, N. de D.
Ne m'donn'rait une obole, N. de D.
Un roi sans argent c'est drôle, N. de D.
Un roi sans argent c'est drôle!

En attendant un peu, N. de D.
Nous aurions r'çu d'l'Afrique
Quelque petit enjeu, N. de D.

Pour gagner l'Amérique , N. de D.
Mais c't or-là nous fait la nique, N. de D.
Mais c't or-là nous fait la nique.

Mont-Rouge a fait d' son mieux, N. de D.
Pour aider à l'affaire ;
Et si l'enn'mi furieux , N. de D.
N'eût forcé sa tannière , N. de D.
Il l'aurait pris par-*derrière*, N. de D.
Il l'aurait pris par-*derrière.*

Comment! moi qui suis vieux, N. de D.
Ai-j'pu faire un' tell' fête?
J' m'en tire , et j' suis heureux, N. de D.
D' n'y pas laisser ma tête , N. de D.
Mais j'vois ben qu'je n'suis qu'une bête, N. de D
Mais j'vois ben qu'je n'suis qu'une bête?

Quinze ans l'objet d' nos vœux, N. de D.
Le drapeau tricolore
Brille encore à nos yeux, N. de D.
L'horizon se colore, N. de D.
Mon vieux, nous vaincrons encore, N. de D.
Mon vieux nous vaincrons encore!

Qu' Philippe nous rende heureux, N. de D.
Nous chanterons sa gloire ;
Son fils ne d'mand' pas mieux, N. de D.

Que d'violer la victoire; N. de D.
Soldats, nous aurons à boire, N. de D.
Soldats, nous aurons à boire.

Théodore FONDART.

CHANT NATIONAL

A LA MÉMOIRE DE NAPOLÉON.

5 MAI 1831.

AIR : *T'en souviens-tu?* ou *Les Trois Couleurs.*

De vieux soldats, des vétérans d'Arcole,
Près d'un tombeau soupirent à genoux ;
Mais sur leurs fronts qu'un noble espoir console,
Brillent parfois les reflets les plus doux.
Ah! disent-ils : « Du héros qu'on couronne,
»Vous connaissez la gloire et les malheurs :
»Français, venez au pied de la Colonne,
»Oui, venez tous déposer une fleur.

»Vous l'avez-vu puissant et magnanime,
»Des Rois rivaux prononcer les destins ;
»Et lui pourtant, à son tour leur victime,
»A dans l'exil terminé ses chagrins....
»Mais de lauriers son ombre s'environne ;

4

»Après quinze ans a lui le jour vengeur!...
»Après quinze ans au pied de la Colonne.
»La France vient déposer une fleur.

»Le pauvre encor, conserve sa mémoire ;
»Seul il n'a point oublié ses combats.
»A ses enfans il conte son histoire,
»Puis en pleurant il redit son trépas...
»Entendez-vous le bronze qui résonne,
»Comme jadis, quand il rentrait vainqueur ?
»En gémissant au pied de la Colonne,
»Le pauvre vient déposer une fleur !

»Oui, parmi nous, ombre auguste et sacrée,
»Rallume un feu qui s'éteignit en vain ;
»D'un joug honteux la France délivrée
»A ton grand nom tend aujourd'hui la main !
»Plus de tyrans, dont la haine empoisonne
»Ces soins pieux que l'on doit aux malheurs!...
»Plus de tyrans!... au pied de la Colonne,
»Un peuple libre a répandu des fleurs!...

Cessez ces chants qu'un doux triomphe inspire ;
Nobles guerriers, c'est un hymne de deuil
Que vous demande un peuple qui soupire,
Au nom des dieux, vengeurs d'un vieux cercueil!...
D'un sombre effroi, la foule au loin frissonne ;

Plus de lauriers, de crêpes ni de fleurs!...
Et des Français, au pied de la Colonne,
Ne peuvent plus même verser des pleurs !

G. GUENOT.

LE POSTE D'HONNEUR.

Air des Trois couleurs.

Peuple français, on nous parle de guerre ;
Ne craignons pas les puissances du Nord.
S'ils se montraient un jour à nos frontières,
Pour les chasser nous serions tous d'accord.
Belges, soyez alors notre avant-garde,
Et répétez, narguant les Hollandais :
La France entière est un grand corps-de-garde,
Et chaque Belge est frère d'un Français.

A nos revers, dus à la perfidie,
Ont succédé des jours de liberté.
Des étrangers de leur diplomatie,
Méconnaissons aujourd'hui le traité.
O liberté, sois notre sauve-garde,
Ton cri vaut mieux que celui des Anglais,
Et notre France est un grand corps-de-garde :
Tous les soldats du poste sont Français.

Par ce traité la Pologne asservie
D'un roi barbare arrondit les états,
Morte quinze ans, elle reprend la vie,
Et ne veut plus des fers de Nicolas.
Volons vers elle et soyons tous de garde;
Elle dira, partageant nos succès,
La France entière est un grand corps-de-garde :
Tout homme brave est l'ami des Français.

Mort aux tyrans, mort au czar, au despote!
Peuples du Nord, ressaisissez vos droits!
Nous avons pris un roi vrai patriote :
Imitez-nous et choisissez vos rois.
Venez à nous, vous, Romain, et vous, Sarde,
Polonais, Belge, et vous tous, Piémontais;
La France entière est un grand corps-de-garde:
Tout homme libre est l'ami des Français.

LE JEUNE PAGE.

Air nouveau.

Un jeune et joli page
Vit non loin du château,
Fille au joli corsage,
Qui menait son troupeau;

L'agneau sous la coudrette,
En bêlant bondissait,
En tenant sa houlette,
Pastourelle chantait :
Tra, la, la, la, lere,
Tra la, la, la, la.

Ecoute-moi, la belle,
Fais-moi don de ton cœur,
Toujours serai fidèle,
Et ferai ton bonheur :
Couronne ma tendresse,
L'hymen nous unira ;
Fuyant avec vitesse,
La belle lui chanta : Tra, la, la, la.

On dit que sur la fougère
La belle se laissa choir,
Et près de la bergère
Le page vint s'asseoir :
Là, dit-elle, beau page,
Quand elle se releva,
Parlons de mariage ;
Le traître lui chanta : Tra, la, la, la.

Durant l'année entière
On ne la rencontra ;

Enfin dans sa chaumière
Un soir elle rentra.
Bièntôt dans le village
On vit un bel enfant
Qui ressemblait au page,
Et s'en allait chantant : Tra, la, la, la.

LES TROIS COULEURS.

Air nouveau. **Ou *T'en souvient-tu?***

Liberté sainte, après trente ans d'absence,
Reviens, reviens, leur trône est renversé.
Ils ont voulu trop asservir la France,
Et dans leurs mains leur sceptre s'est brisé.
Vois aujourd'hui cette noble bannière
Qu'en cent climats portaient tes fils vainqueurs;
Ils ont enfin secoué la poussière
Qui ternissait ses brillantes couleurs.

Au bon plaisir, à la grâce divine,
Va succéder, pour la leçon des rois,
Un droit plus vrai, tirant son origine
Des droits du peuple et restreint par les lois.
La Charte en main, la France libre et fière,
Pour l'avenir peut essuyer ses pleurs.

Le drapeau blanc roule dans la poussière
Qui ternissait ses brillantes couleurs.

Soldats, enfans de la même patrie,
Un vain serment, un devoir mal compris,
Vous fit défendre une race flétrie
Qui mendia son sceptre aux ennemis,
Venez à nous... Plus de sanglante guerre !
Nous pardonnons malgré tous nos malheurs
Oui, désormais tous les Français sont frères
Car la colonne a repris ses couleurs.

Et vous, Français, dignes fils de la gloire,
Qui maintenant dormez dans le cercueil,
Si nous chantons après votre victoire,
Ah ! dans nos cœurs nous portons votre deuil ;
De ce trépas que votre âme soit fière,
Car dans le temple ouvert en votre honneur
La liberté déploiera la bannière
Dont votre sang retrempa la couleur.

Ah ! puissions-nous des pages de l'histoire
Par notre sang à jamais effacer,
L'époque affreuse où fatigués de gloire,
L'on nous vendit deux fois à l'étranger.
Si contre nous, de vos hordes fatales,
Fiers potentats vous tourniez les fureurs,

Sur leurs clochers toutes vos capitales,
Verraient bientôt nos brillantes couleurs.

~~~~~~~~~~~~~~~~~~~~~~~~~~~~~~~~~~

LE RÉVEIL DU PEUPLE.

Air : *Vous, qui d'amoureuse aventure.*

Veillons au salut de l'empire,
Veillons au maintien de nos lois,
Si l'aristocratie conspire,
Conspirons la perte des rois ;
Liberté! liberté! que tout mortel te rende hommage ;
Tyrans, tremblez, tremblez, en voyant nos succès,
Plutôt la mort que l'esclavage
C'est la devise des Français!   (*bis.*)

Du destin de notre patrie
Dépend celui de l'univers ;
Si jamais elle est asservie,
Tous les peuples sont dans les fers :
Liberté! liberté! etc.

Ennemis de la tyrannie,
Paraissez tous, armez vos bras :
Du fond de l'Europe avilie
Marchez avec nous aux combats :

Liberté! liberté! que ton nom sacré nous rallie,
Poursuivons les tyrans, punissons, punissons leurs
forfaits :
Nous servons la même patrie,
Les hommes libres sont Français.   (*bis.*)

~~~~~~

LA CITOYENNE.

Air nouveau.

Long-temps sur nous l'arbitraire en démence
A répandu son souffle empoisonné ;
   La foudre enfin a résonné,
Enfin le peuple a vengé son offense.
La liberté, qui pleurait nos destins,
Est accourue au seul bruit de nos armes ;
   Son glaive en nos vaillantes mains
A dispersé de lâches assassins,
   Et leur sang a rougi nos larmes.
   Marchons, amis, serrons nos rangs,
Du citoyen déployons la bannière,
   Et répétons ce cri de guerre :
     Mort aux tyrans !

Un vil pouvoir nous traitait en conquête ;
Il opprimait un peuple généreux ;

Pour renverser ce joug honteux,
Nous n'avons eu qu'à relever la tête.
En vain sur nous, il lança le trépas,
Cet insensé qui tenait la couronne ;
Nous avons vaincu ses soldats :
Tel, comprimé, l'air brise en mille éclats
Le faible airain qui l'emprisonne.
Marchons, etc.

Honneur à vous, élèves intrépides,
Enfans hier, aujourd'hui vieux guerriers !
Honneur à vous ! nos meurtriers
Ont expié leurs fureurs homicides.
De la patrie, ô braves défenseurs !
Quand vous armant contre la tyrannie,
Vous guidez nos drapeaux vainqueurs,
On se disait les yeux mouillés de pleurs :
C'est la Liberté rajeunie !
Marchons, etc.

O jours heureux ! ô cité sans rivale !
D'un peuple entier Paris sauva les droits ;
Paris, dans ces sanglans exploits,
Justifia son nom de capitale !
A son triomphe aussi juste que beau,
Applaudiront l'un et l'autre hémisphère :
Le despotisme est au tombeau,

Et d'un seul coup nous brisons le réseau
   Qui tendait à couvrir la terre.
    Marchons, etc.

Nos bras vengeurs ont fait prompte justice
D'un prince fourbe, orgueilleux, ignorant,
   D'un roi qui se crut assez grand
Pour ne vouloir de loi que son caprice.
Un autre roi du peuple est adopté ;
Par ses vertus il a droit qu'on l'honore ;
   Mais si dans sa postérité
Quelqu'un des siens touche à la liberté ,
   Nos enfans rediront encore :
   Marchons, amis, serrons nos rangs,
Du citoyen déployons la bannière,
   Et répétons ce cri de guerre :
    Mort aux tyrans !

Jézéquel.

RONDE BACHIQUE.

Loin d'ici, sœurs du Permesse ,
Chétives buveuses d'eau ;
Cachez-vous avec vitesse
Dans le plus profond ruisseau :
Bacchus m'échauffe et m'inspire ,

Il ranime tous mes sens,
C'est lui qui monte ma lyre,
Ecoutez ses fiers accens :
Remplis ton verre vide,
Vide ton verre plein,
Ne laisse jamais dans ta main
Ton verre ni plein ni vide ;
Ne laisse jamais dans ta main
Ton verre ni vide ni plein.

Nargue la gente savante
Qui, du monument sans fin,
Depuis mille ans se tourmente
Sans aucun succès certain ;
Avec une aisance extrême,
Assis dans un cabaret,
Je résous ce grand problême,
Voilà quel est mon secret :
Remplis ton verre vide, etc.

Si le ciel dans sa colère
Te fit le funeste don,
D'une femme atrabilaire
Bouleversant ta maison ;
Laisse là cette mégère,
Ce lutin, ce vrai démon.
Vite, accours à pas célères
Dans le plus prochain bouchon :
Remplis ton verre vide, etc.

Si les voûtes azurées
S'écroulaient avec fracas,
Si les rives embrasées
Vomissaient mille trépas ;
La trogne toujours vermeille,
Et le front calme et serin ;
En main tenant ma bouteille,
Je dirais à mon voisin :
Remplis ton verre vide, etc.

LES ENFANS DE LA FRANCE.

Air : *de la Colonne.*

Reine du monde, ô France, ô ma patrie !
Soulève enfin ton front cicatrisé ;
Sans qu'à tes yeux leur gloire en soit flétrie,
De tes enfans l'étendart s'est brisé, (bis)
Quand la fortune outrageait leur vaillance,
Quand de tes mains tombait le sceptre d'or,
Tes ennemis disaient encor :
Honneur aux enfans de la France. (bis)

De tes grandeurs tu sus te faire absoudre,
France, et ton nom triomphe des revers.
Tu peux tomber, mais c'est comme la foudre,

5

Qui se relève et gronde au haut des airs.
Le Rhin, aux bords ravis à ta puissance,
Porte à regret le tribut de ses eaux.
Il crie au fond de ses roseaux:
Honneur aux enfans de la France.

Pour effacer des coursiers du barbare
Les pas empreints dans tes champs profanés,
Jamais le ciel te fut-il moins avare?
D'épis nombreux vois tes champs couronnés.
D'un vol fameux prompts à venger l'offense,
Vois les beaux arts, consoler leurs autels,
Et y graver entre les immortels:
Honneur aux enfans de la France.

Prête l'oreille aux accens de l'histoire;
Quel peuple ancien devant toi n'a tremblé?
Quel nouveau peuple, envieux de ta gloire,
Ne fut cent fois de ta gloire accablé;
En vain l'Anglais a mis dans la balance
L'or que pour vaincre ont mendié les rois.
Des siècles entends-tu la voix?
Honneur aux enfans de la France.

Dieu qui punit le tyran et l'esclave,
Veut te voir libre, et libre pour toujours;
Que tes plaisirs ne soient plus une entrave,
La liberté doit sourire aux amours.

Prends son flambeau, laisse dormir sa lance.
Instruis le monde, et cent peuples divers,
Tes ennemis chanteront en brisant leurs fers :
Honneur aux enfans de la France.

Relève-toi, France, reine du monde,
Tu vas cueillir tes lauriers les plus beaux.
Oui d'âge en âge, une palme féconde
Doit de tes fils protéger les tombeaux ;
Que près du mien, telle est mon espérance,
Pour la patrie, admirant mon amour,
Le voyageur répète un jour :
Honneur aux enfans de la France.

LE SOLDAT LABOUREUR.

Air : *Les maris ont tort.*

Je partis simple militaire,
Car la gloire enflammait mon cœur
Bientôt je fus dans une affaire
Décoré de la croix d'honneur. (*bis.*)
Croyez-moi, la seule vaillance
De soldats fit des généraux ;
Et plus d'un maréchal de France
Est parti le sac sur le dos. (*bis.*)

Moi j'avais dix-neuf ans à peine
Lorsqu'on me fit sous-lieutenant ;
A trente ans je fus capitaine,
Je suis colonel maintenant.
Croyez-moi, etc.

Que de braves à leur courage
Doivent leurs titres et leur rang ;
Et quoique nés dans un village,
Se sont illustrés dans les camps.
Croyez-moi, la seule vaillance
De soldats fit des généraux ;
Et plus d'un maréchal de France
Est parti le sac sur le dos.

LA COLONNE.

Air connu.

Salut, monument gigantesque
De la valeur et des beaux arts ;
D'une teinte chevaleresque
Toi seul colore nos remparts.
De quelle gloire t'environne
Le tableau de tant de hauts faits !
Ah ! qu'on est fier d'être Français
Quand on regarde la colonne !

Anglais, fiers d'un jour de victoire,
Par vingt rois conquis bravement,
Tu prétends pour tromper l'histoire,
Imiter ce beau monument.
Souviens-toi donc, race bretonne,
Qu'en dépit de tes factions,
Du bronze de vingt nations
Nous avons formé la colonne.

Et vous, qui domptez les orages,
Guerriers, vous pouvez désormais
Du sort mépriser les outrages:
Les héros ne meurent jamais.
Vos noms, si le temps vous moissonne,
Iront à la postérité ;
Vos brevets d'immortalité
Sont burinés sur la colonne.

Pourquoi sur l'onde fugitive
Se soustraire au pouvoir royal ?
Pour moi, comme la sensitive,
Je mourrai sur le sol natal.
Ah! si la France un jour m'ordonne
De chercher au loin le bonheur,
J'irai mourir au champ d'honneur
Ou bien au pied de la colonne.

E. DEBRAUX.

5*

JOCONDE.

J'ai long temps parcouru le monde
Où l'on m'a vu de toutes parts ;
Courtisant la brune et la blonde,
Aimer, soupirer au hasard.
Sémillant avec les Françaises,
Romanesque avec les Anglaises ;
En tous lieux où j'ai voyagé,
Selon les pays j'ai changé.
Partout, partout où j'ai voyagé,
Selon les pays, j'ai changé.

Sans me piquer d'être fidèle,
Je courais d'amour en amour,
Je n'aimais jamais qu'une belle :
Oui, mais je ne l'aimais qu'un jour.
Sémillant, etc.

Du papillon parfait modèle,
Comme lui j'aime à voltiger ;
Je fuis un amour éternelle ;
Mon seul bonheur est de changer.
Sémillant, etc.

En suivant la trace chérie
D'un sexe fait pour être aimé,

En Allemagne, en Italie,
J'ai su plaire, j'ai su charmer.
Sémillant, etc.

LE VRAI BUVEUR.

Air connu.

Aussitôt que la lumière
Vient redorer nos côteaux,
Je commence ma carrière
Par visiter mes tonneaux.
Ravi de revoir l'aurore,
Le verre en main je lui dis :
Vois-tu sur la rive maure
Plus qu'à mon nez de rubis ?

Le plus grand roi de la terre,
Quand je suis dans un repas,
S'il me déclarait la guerre,
Ne m'épouvanterait pas :
A table rien ne m'étonne,
Et je crois, lorsque je bois,
Si là-haut Jupiter tonne,
Que c'est qu'il a peur de moi.

Si quelque jour, étant ivre,

La mort arrêtait mes pas ,
Je ne voudrais pas revivre
Pour changer ce doux trépas :
Je m'en irais dans l'Averne
Faire enivrer Alecton,
Et bâtir une taverne
Dans le manoir de Pluton.

Par ce nectar délectable
Les démons étant vaincus,
Je ferais chanter au diable
Les louanges de Bacchus,
J'apaiserais de Tantale
La grande altération,
Et passant l'onde infernale ,
Je ferais boir Ixion.....

Au bout de ma quarantaine,
Cent ivrognes m'ont promis
De venir la tasse pleine ,
Au gite où l'on m'aura mis.
Pour me faire une hécatombe
Qui signale mon destin,
Ils arroseront ma tombe ,
De plus de cent brocs de vin.

De marbre ni porphyre
Qu'on ne fasse mon tombeau ;

Pour cercenil je ne désire
Que le contour d'un tonneau,
Et veux qu'on peigne ma trogne
Avec ces vers à l'entour :
Ci-gît le plus grand ivrogne
Que jamais ait vu le jour.

MAITRE ADAM.

CHANSON MORALE.

Air connu.

Rions, chantons, aimons, buvons,
En quatre points c'est ma morale :
Rions tant que nous le pouvons,
Afin d'avoir l'humeur égale.
L'esprit sombre que tout aigrit
Tourmente ce qui l'environne ;
Et l'homme heureux qui toujours rit
Ne fait jamais pleurer personne. (*bis.*)

Souvent les plus graves leçons
Endorment tout un auditoire :
Mettons la morale en chansons,
Pour la graver dans la mémoire.
A ses vœux un chanteur, dit-on,
Rendit l'enfer même docile :

Orphée a montré qu'un sermon
Ne vaut pas un bon vaudeville.

Quand Dieu noya le genre humain
Il sauva Noé du naufrage,
Et dit en lui donnant du vin :
« Voilà ce que doit boire un sage. »
Buvons-en donc jusqu'au tombeau :
Car d'après l'arrêt d'un tel juge,
Tous les méchans sont buveurs d'eau,
C'est bien prouvé par le déluge.

Un cœur froid qui jamais n'aima
Du ciel déshonore l'ouvrage :
Et pour aimer, Dieu nous forma,
Puisqu'il fit l'homme à son image.
Il faut aimer ; c'est le vrai bien ;
Suivons, amis, ces lois divines :
Aimons toujours notre prochain,
En commençant par nos voisines.

SÉGUR aîné.

LA TENTATION DE SAINT ANTOINE,

POT-POURRI.

Air : *Plus inconstant que l'onde et le nuage.*

Ciel ! l'univers va-t-il donc se dissoudre ?
Quel bruit ! quels cris ! quel horrible fracas !
   Devant moi je vois la foudre,
   Elle tombe par éclats :
     Tout est poudre
     Sur mon grâbat.
   Grand Dieu ! du haut des cieux,
    Vois ma disgrace.
    Et par ta grace.
    Fais que je chasse
    L'enfer de ces lieux.

     Air : *Du haut en bas.*

   C'était ainsi
Qu'Antoine exprimait ses alarmes :
   C'était ainsi
Qu'Antoine exprimait son souci,
Lorsque le diable par ses charmes
Venait chez lui faire vacarmes,
   C'était ainsi.

Air des folies d'Espagne.

On vit sortir d'une grotte profonde
Mille démons, mille spectres divers;
Des noirs esprits toute la troupe immonde,
Pour le tenter déserta les enfers.

Air : *Ture, lure, lure, et flon, flon, flon.*

On vit des démons
De tous les cantons,
De la ville et de la campagne,
De la Cochinchine et de l'Espagne;
On y vit des diables blondins,
Des bruns, des gris et des châtains:
Les bruns surtout, méchans lutins,
Faisaient remuer des pantins,
Ture, lure, lure, et flon, flon, flon,
Tous avaient leur ton,
Leur allure.

Air: *La fariradondaine.*

Quelques-uns prirent le cochon
De ce bon saint Antoine.
Et lui mettant un capuchon,
Ils en firent un moine :
Il ne coûtait que la façon,
La faridondaine,

La faridondon,
Peut-être en avait-il l'esprit,
Biribi,
A la façon de Barbari,
Mon ami.

Air : *Dans un détour.*

Sur un sofa
Une diablesse en falbala,
Aux regards fripons,
Découvrit deux jolis monts
Ronds.

Air : *Au fond de mon caveau.*

Ronflant comme un cochon,
On voyait sur un trône,
Un des envoyés de Pluton :
Il portait pour couronne
Un vieux réchaud de fer sans fond,
Et pour sceptre un tison.
Sous ses pieds un démon
En forme de dragon,
Vomissait du canon.
Le diable s'éveille et s'étonne
Et dit : Garçon.

Air: *La pierrefittoise.* (Contredanse.)

Courez vite, prenez le patron,
Et faites-le moi danser en rond:
Courez vite, prenez le patron,
   Tirez-le par son cordon.
       Bon.

   Messieurs les démons,
    Laissez-moi donc.
       Non.
     Tu chanteras,
     Tu sauteras,
     Tu danseras.

   Messieurs les démons,
    Laissez-moi donc.
       Non.
     Tu chanteras,
     Tu sauteras,
     Tu danseras.
Courez vite, prenez le patron,
   Tirez-le par son cordon.
       Bon.

Air: *Quand la mer Rouge apparut.*

Le saint craignant de pécher,
   Dans cette aventure,

Courut vite se cacher,
Sous sa couverture.
Mais montant sur son châlit,
Il rencontra sur son lit
Une con, con, con,
Une concubine;
C'était Proserpine.

Air: *Nous autres bons villageois.*

Piqué dans ce bacchanal,
D'avoir vu qu'on brisait sa cruche,
Et qu'un derrière infernal
Avait fait caca dans sa huche;
Crainte aussi de tentation,
Notre saint prit un goupillon,
Et flanque aux démons étonnés,
De l'eau bénite par le nez.

Air *des folies d'Espagne.*

Tel qu'un voleur sitôt qu'il voit main-forte,
Tel qu'un soldat à l'aspect des prévôts,
On vit s'enfuir l'infernale cohorte,
Et s'abîmer dans ses affreux cachots.

Air: *Maman, que je l'ai échappé belle.*

Ah! mon Dieu que je l'échappe belle!
Dit le saint tremblant

Tout en sortant
De sa ruelle.
Ah! mon Dieu! que je l'échappe belle!
Un moment plus tard,
Je faisais le diable cornard.

Air : *Le démon malicieux et fin.*

Le démon, quoiqu'il passe pour fin,
Ne fut pas alors assez malin.
S'il eût pris la forme de Toinette,
Son air charmant, sa taille et ses appas ;
C'était fait, la Grâce était muette,
Et saint Antoine eût volé dans ses bras.

SEDAINE.

LA VIVANDIÈRE.

Air : *Demain matin au point du jour,*
On bat la générale.

Vivandière du régiment,
C'est Catin qu'on me nomme ;
Je vends, je donne, et bois gaîment
Mon vin et mon rogome.
J'ai le pied leste et l'œil mutin,
Tintin, tintin, tintin, r'lin tintin,
J'ai le pied leste et l'œil mutin :
Soldats, voilà Catin.

Je fus chère à tous nos héros;
   Hélas combien j'en pleure,
Aussi soldats et généraux
   Me comblaient à toute heure:
D'amour, de gloire et de butin,
Tintin, tintin, tintin, r'lin tintin,
   D'amour, de gloire et de butin:
     Soldats, voilà Catin.

J'ai pris part à tous vos exploits,
   En vous versant à boire,
Songez combien j'ai fait de fois
   Rafraîchir la victoire.
Ça grossissait son bulletin,
Tintin, tintin, tintin, r'lin tintin,
   Ça grossissait son bulletin:
     Soldats, voilà Catin.

Depuis les Alpes je vous sers:
   Je me mis jeune en route.
A quatorze ans dans les déserts,
   Je vous portais la goutte.
Puis, j'entrai dans Vienne un matin,
Tintin, tintin, tintin, r'lin tintin,
   Puis, j'entrai dans Vienne un matin:
     Soldats, voilà Catin.

De mon commerce et des amours
   C'était le temps prospère,

6*

A Rome je passai huit jours,
    Et de notre Saint Père
Je débauchai le sacristain,
Tintin, tintin, tintin, r'lin tintin,
Je débauchai le sacristain :
    Soldats, voilà Catin.

J'ai fait plus que maint duc et pair
    Pour mon pays que j'aime.
A Madrid si j'ai vendu cher,
    Et cher à Moscou même,
J'ai donné gratis à Pantin ;
Tintin, tintin, tintin, r'lin tintin,
J'ai donné gratis à Pantin :
    Soldats, voilà Catin.

Quand au nombre il fallut céder
    La victoire infidèle,
Que n'avais-je pour vous guider
    Ce qu'avait la Pucelle !
L'Anglais aurait fui sans butin ;
Tintin, tintin, tintin, r'lin tintin,
L'Anglais aurait fui sans butin :
    Soldats, voilà Catin.

Si je vois de nos vieux guerriers
    Pâlis par la souffrance,

Qui n'ont plus, malgré leurs lauriers,
De quoi boire à la France,
Je refleuris encor leur teint,
Tintin, tintin, tintin, r'lin tintin,
Je refleuris encor leur teint :
Soldats, voilà Catin.

Mais nos ennemis gorgés d'or,
Paîront encore à boire.
Oui, pour vous doit briller encor
Le jour de la victoire.
J'en serai le réveil matin,
Tintin, tintin, tintin, r'lin tintin,
J'en serai le réveil matin :
Soldats, voilà Catin.

BÉRANGER.

LE PEINTRE DANS SON MÉNAGE.

Air connu.

Jaloux de donner à ma belle
Le duplicata de mes traits ;
Je demande quel est l'Apelle
Le plus connu par ses portraits,
C'est, me répond l'ami d'Orlange,
Un artiste nommé Mathieu :

Il prend fort peu ;
Mais vontrebleu !
Quel coloris, quelles grâces et quel feu !
Il vous attrappe comme un ange,
Et loge auprès de l'Hôtel-Dieu.

Vite je cours chez mon Apelle ;
Je monte, et ne sais où j'en suis,
Son escalier est une écheile,
Et sa rampe une corde à puits.
Un chantre est au premier étage,
Au deuxième est un chaudronnier,
Puis un gaînier,
Un rubannier,
Puis au cinquième un garçon cordonnier :
Je reprends haleine et courage,
Et j'arrive enfin au grenier.

J'entre, et d'abord sur une chaise
Je vois le buste de Platon ;
Sur un Hercule de Farnèse
S'élève un bonnet de coton ;
Un briquet est dans une mule,
Dans un verre un peigne édenté,
Un bas crotté
Sur un pâté,
Un pot à l'eau sur une volupté,

L'Amour près d'un tison qui brûle,
Et la Frileuse à son côté.

Le portrait d'un acteur tragique
Est vis-à-vis d'un mannequin ;
Je vois sur la Vénus pudique
Une culotte de nankin ;
Une tête de Diogène
A pour pendant un potiron.
    Près d'Apollon
    Est un poltron ;
Psyché sourit à l'ombre d'un chaudron,
Et les restes d'une romaine
Sont sous l'œil du cruel Néron.

Au coin d'une vitre cassée
S'agite un morceau de miroir ;
Dessous la barbe de Thésée
Est une lame de rasoir ;
Sous un Plutus est une Lucrèce ;
Sous un tableau récemment peint
    Je vois un pain,
    Un escarpin ;
Une Vénus sur un lit de sapin,
Et la Diane chasseresse
Derrière une peau de lapin.

Seul, j'admirais ce beau désordre,

Quand un homme armé d'un bâton
Entre, et m'annonce que par ordre
Il va me conduire en prison.
Je résiste ; il me parle en maître :
Je lui lance un Caracalla,
    Un Attila,
    Un Scévola,
Un Alexandre, un Socrate, un Sylla,
    Et j'écrase le nez du traître
    Sous le poids d'un Caligula.

Mais au bruit, au fracas des bosses,
Je vois, vers moi de l'escalier,
S'élancer vingt bêtes féroces,
Vrais visages de créancier :
Sur ma tête assiettes, bouteilles,
Pleuvent au gré de leur fureur,
    Et le traiteur,
    Le blanchisseur,
Le parfumeur, le bottier, le tailleur,
    Font payer à mes deux oreilles
    Le nez de leur ambassadeur.

Au lieu d'emporter mon image,
Comme je l'avais espéré,
Je sors, n'emportant qu'un visage
Pâle, meurtri, défiguré.

O vous! sensibles créatures,
Aux traits bien fins, bien réguliers,
Des noirs huissiers,
Des noirs greniers,
Évitez bien les assauts meurtriers.
Et que Dieu garde vos figures
Des peintres et des créanciers.

DÉSAUGIERS.

LE MÉNAGE DE GARÇON.

Air connu.

Je loge au quatrième étage ;
C'est là que finit l'escalier.
Je suis ma femme de ménage,
Mon domestique et mon portier.
Des créanciers quand la cohorte
Au logis sonne à tour de bras,
C'est toujours en ouvrant la porte,
Moi qui dis que je n'y suis pas.

De tous mes meubles l'inventaire
Tiendrait.... un carré de papier ;
Pourtant je reçois d'ordinaire
Des visites dans mon grenier.

Je mets les gens fort à leur aise ;
A la porte un bavard maudit ;
Tous mes amis sur une chaise
Et ma maîtresse sur mon lit.

Gourmands, vous voulez, j'imagine,
De moi pour faire certain cas,
Avoir l'état de ma cuisine ;
Sachez que je fais trois repas :
Le déjeuner m'est très-facile,
De tous côtés je le reçoi ;
Je dîne tous les jours en ville,
Et ne soupe jamais chez moi.

Vers ma demeure quand tu marches,
Jeune beauté, va doucement.
Crois-moi : quatre-vingt-dix-huit marches
Ne se montent pas lestement.
Lorsque l'on arrive à mon gîte,
On éprouve un certain émoi.
Jamais sans que son cœur palpite,
Une femme n'entre chez moi.

Je suis riche, et j'ai pour campagne
Tous les environs de Paris ;
J'ai mille châteaux.... en Espagne ;
J'ai pour fermiers tous mes amis.
J'ai pour faire le petit-maître,

Sur la place un cabriolet ;
J'ai mon jardin sur ma fenêtre,
Et mes rentes dans mon gilet.

Je vois plus d'un millionnaire
Sur moi s'égayer aujourd'hui ;
Dans ma richesse imaginaire,
Je suis aussi riche que lui.
Je ne vis qu'au jour la journée ;
Lui vante ses deniers comptans ;
Et puis à la fin de l'année
Nous arrivons en même temps.

Un grand homme a dit dans son livre
Que tout est bien, il m'en souvient.
Tranquillement laissons-nous vivre,
Et prenons le temps comme il vient.
Si, pour recréer ce bas monde,
Dieu nous consultait aujourd'hui,
Convenons-en tous à la ronde,
Nous ne ferions pas mieux que lui.

JH. PAIN.

LE VIN.

RONDE.

Air: *De la contre-danse de la pie voleuse.*

C'est le vin, le vin, le vin
   Qui rend la table
     Agréable ;
De Bacchus le jus divin
   Est l'âme d'un festin.

Amis, nargue de la fontaine
Qu'on invoque au double coteau !
Je lui préfère l'Hippocrène
Qui coule au fond de mon caveau,
   Chanter ce qui m'enchante
   Est le vœu de mon cœur ;
   Boire ce que je chante
   Est pour moi le bonheur.
C'est le vin, etc.

Le vin convient à tous les âges ;
On en boit en toutes saisons ;
Il plaît aux fous, il plaît aux sages,
Il plaît aux braves, aux poltrons ;

Policés ou sauvages,
A la rouge liqueur
Tous offrent leurs hommages,
Et répètent en chœur :
C'est le vin, etc.

Quand au soleil la nuit fait place,
Le fanatique musulman
Jeûne, et n'ose vider la tasse,
Trop fidèle à son ramadan :
  Mais lorsque tout sommeille
  Au terrestre séjour,
  Caressant sa bouteille,
  Il chante jusqu'au jour :
C'est le vin, etc.

De la pierre philosophale
La découverte faite enfin,
Jamais pourrait-elle être égale
A la découverte du vin ?
  Qui procure l'ivresse
  Mère des chants joyeux?
  Qui sait rendre sans cesse
  Tous les hommes heureux?
C'est le vin, etc.

De ce festin, où tout abonde,
Que ne puis-je, à ma volonté,

Chers amis, donner à ma ronde
Et l'enjoûment et la bonté !
  Mais de ce badinage
  Le succès est certain ;
  Chacun de vous, je gage,
  Goûtera mon refrain :
C'est le vin, le vin, le vin
  Qui rend la table
    Agréable ;
De Bacchus le jus divin
Est l'âme d'un festin.

FRIC ET FROC.

Air *de Richard Cœur-de-Lion.*

  Et zic et zoc,
  Et fric et froc.
  Quand les bœufs
  Vont deux à deux,
Le labourage en va mieux.

Sans berger si la bergère,
Est en un lieu solitaire,
Tout pour elle est ennuyeux ;
Mais si le berger Sylvandre
Auprès d'elle vient se rendre,

Tout s'anime à l'entour d'eux :
    Et zic et zoc, etc.

Qu'en dites-vous, ma commère ?
Eh! qu'en dites-vous, compère ?
Rien ne se fait bien qu'à deux ;
Les habitans de la terre,
Hélas! ne dureraient guère,
S'ils ne disaient pas entr'eux :
    Et zic et zoc,
    Et fric et froc.
    Quand les bœufs
    Vont deux à deux
Le labourage en va mieux.

CHANSON MILITAIRE.

Air : *Chantez, dansez, amusez-vous.*

Voulez-vous suivre un bon conseil ?
Buvez avant que de combattre ;
De sang-froid je vaux mon pareil,
Mais quand je suis gris j'en vaux quatre.
Versez donc, mes amis versez,
Je n'en puis jamais boire assez.

Comme ce vin tourne l'esprit !
Comme il vous change une personne !
Tel qui tremble s'il réfléchit
Fait trembler quand il déraisonne.
Versez donc, etc.

Ma foi, c'est un triste soldat
Que celui qui ne sait pas boire ;
Il voit les dangers du combat ;
Le buveur n'en voit que la gloire.
Versez donc, etc.

Cet univers, oh ! c'est très beau ;
Mais pourquoi dans ce bel ouvrage
Le seigneur a-t-il mis tant d'eau ?
Le vin me plairait davantage.
Versez donc, etc.

S'il n'a pas fait un élément
De cette liqueur rubiconde,
Le seigneur s'est montré prudent ;
Nous eussions desséché le monde.
Versez donc, mes amis, versez,
Je n'en puis jamais boire assez.

PILLET.

LA POLONAISE.

Air nouveau.

Où sont les héros polonais,
L'orgueil de la Lithuanie ;
Sont-ils vaincus ? Non, leur patrie
Brille encore de nouveaux succès,
En dépit de l'iniquité,
Sans craindre du Czar la furie,
D'un tel peuple la fermeté
Devient l'effroi de la Russie.
Combien est forte la patrie,
Qui se bat pour la liberté !

N'est-il pas beau, malgré le sort,
De voir tout un peuple de braves,
Qui, ne voulant plus être esclaves,
Affronte le fer et la mort ;
S'affranchissant avec fierté
Des chaînes de la tyrannie ;
Volant à l'immortalité,
Le héros polonais s'écrie :
Combien est forte la patrie
Qui se bat, etc.

Quel tableau frappe les regards
Dans le champ poudreux des alarmes;
Partout les vaincus et leurs armes
Servent aux vainqueurs de remparts.
Le cri de gloire est répété
Par le preux qui perdant la vie,
Dit: Je meurs; Dieu plein d'équité
Protège et sauve Varsovie.
Combien est forte la patrie,
Qui se bat, etc.

Si l'immortel Poniatowski,
Dont la valeur fait briller l'ombre,
Ne calcula jamais le nombre
En combattant son ennemi;
A son exemple tant cité,
Vengeant une cause chérie,
Polonais, pour l'humanité,
Répétez d'une ame aguerrie:
Combien est forte la patrie,
Qui se bat, etc.

Polonais, zélés défenseurs
Des beaux droits de l'indépendance,
Les Français, de votre vaillance,
Sont toujours les admirateurs.
Si le Belge avec unité

Brise les fers de l'infamie ;
Vos fils, à l'unanimité,
Diront d'une voix affermie :
Combien est forte la patrie,
Qui se bat pour la liberté.

L'HOMME ACCOMMODANT.

Air : *Chantez, dansez, amusez-vous.*

Faut-il boire , faut-il aimer,
A tout de bon cœur je me livre ;
Je me laisse aisément charmer ;
Tout vin, toute beauté m'enivre.
L'homme difficile est un sot ;
Trouver tout bon, c'est le bon lot.

Le Champagne est mon favori,
Sa mousse me plaît dans le verre ;
Mais au défaut du Silleri,
Je bois volontiers du Tonnerre.
L'homme difficile, etc.

Voulez-vous boire à petits coups ?
Eh bien ! soyons long-temps à table ;
Boire à grands coups vous semble doux,
Versez m'en dix et je les sable.
L'homme difficile, etc.

J'ai la même facilité
Dans tous les plaisirs de la vie :
Je prends ce qui m'est présenté ;
C'est Chloé si ce n'est Sylvie.
L'homme difficile, etc.

Veut-on jouer? nommez le jeu,
Tric-trac, échecs, piquet, quadrille?
Le choix m'en importe fort peu ;
L'on me ferait jouer aux quilles.
L'homme difficile, etc.

Voulez-vous railler, disputer?
Vous pouvez choisir la matière ;
Dieux et rois sont à respecter :
Liberté sur le reste entière.
L'homme difficile, etc.

J'ai peu de bien, j'en suis content ;
A moins je prendrais patience :
S'il m'en venait trois fois autant,
Je me ferais à l'abondance.
L'homme difficile, etc.

Dans un seul cas il est permis
De se rendre plus difficile ;
C'est dans le choix de ses amis :
Mais ce choix fait soyez facile.
L'homme difficile est un sot,
Trouver tout bon, c'est le bon lot.

~~~~~~

PLUS ON EST DE FOUS PLUS ON RIT.

Air connu.

Des frélons bravant la piqûre,
Que j'aime à voir, dans ce séjour,
Le joyeux troupeau d'Epicure
Se recruter de jour en jour :
Francs buveurs, que Bacchus attire,
Dans ces retraites qu'il chérit,
Avec nous venez boire et rire,
Plus on est de fous, plus on rit.   (*ter.*)

Ma règle est plus douce et plus prompte,
Que les calculs de nos savans ;
C'est le verre en main que je compte
Mes vrais amis, les bons vivans :
Plus je bois, plus le nombre augmente,
Et quand ma coupe se tarit,
Au lieu de quinze j'en vois trente :
Plus on est de fous, plus on rit.

    Francs buveurs, etc.

Si j'avais une salle pleine
Des vins choisis que nous sablons,

Et grande au moins comme la plaine
De Saint-Denis ou des Sablons,
Mon pinceau trempé dans la lie,
Sur tous les murs aurait écrit :
Entrez, enfans de la folie :
Plus on est de fous, plus on rit.

    Francs buveurs, etc.

Entrez, soutiens de la sagesse,
Apôtres de l'humanité ;
Entrez, amis de la richesse,
Entrez, amans de la beauté :
Entrez, fillettes dégourdies,
Vieilles qui visez à l'esprit ;
Entrez, auteurs de tragédies :
Plus on est de fous, plus on rit.

    Francs buveurs, etc.

Puisqu'enfin la vie à des bornes,
Aux enfers un jour nous irons,
Et, malgré le diable et ses cornes,
Aux enfers un jour nous rirons.
L'heureux espoir, que vous en semble ?
Or voici ce qui le nourrit,
Nous serons là-bas tous ensemble :
Plus on est de fous, plus on rit.

    Francs buveurs, etc.

ARMAND GOUFFÉ.

LE CRUCHON.

Air nouveau.

Que j'enrage d'aimer Nicaise,
Disait Dorine l'autre jour ;
Tout autre que lui serait aise
De m'inspirer autant d'amour ;
Mais loin d'en marquer quelqu'envie,
C'est le plus sot et froid garçon ;
Il mérite bien qu'on s'écrie :
    Ah ! le cruchon !
Ah ! ah ! ah ! le cruchon !

Sur une naissante verdure,
Avant le lever du soleil ;
Goûtant la fraîcheur la plus pure,
J'affectais un tendre sommeil.
Ma gorge était à demi-nue,
Tout lui disait : il y fait bon ;
Il se contenta de la vue !
    Ah ! le cruchon !
Ah ! ah ! ah ! le cruchon !

Dans une paisible retraite,
Aux accens de son chalumeau,

Je formais des pas sur l'herbette ;
Que son sort devait être beau !
Pour le favoriser je glisse,
Et je tombe sur le gazon ;
Il me releva sans malice ;
    Ah ! le cruchon !
Ah ! ah ! ah ! le cruchon !

Hier, pour le jour de ma fête,
Je lui demande un beau bouquet ;
Quel bouquet faut-il que j'apprête,
Dit-il, je n'en ai jamais fait.
J'eus beau lui marquer d'un air tendre
Le bouquet alors de saison ;
Il ne put jamais me comprendre,
    Ah ! le cruchon !
Ah ! ah ! ah ! le cruchon !

Dans un chemin couvert de glace,
Le hasard nous fit rencontrer ;
Que ce jour là j'avais de grâce,
J'étais faite pour tout tenter,
Je tombe, ma jupe voltige,
Il me couvre de son manchon.
Vous êtes complaisant, lui dis-je ;
    Ah ! le cruchon !
Ah ! ah ! ah ! le cruchon !

Un jour pour la lui donner belle,
Ah! devinez ce que je fis?
Feignant de moucher la chandelle
Adroitement je l'éteignis.
Le sot, pour témoigner son zèle,
Court vite chercher un tison :
Il te faut donc de la chandelle ;
    Ah! le cruchon !
Ah! ah !ah! le cruchon !

CHANSON MORALE.

Air *Du vaudeville du ballet des Pierrois.*

Que cette table est bien servie !
Que ces vins sont délicieux !
Pour peu que l'on tienne à la vie,
Ailleurs on ne peut être mieux.
Amis, si vous voulez m'en croire,
Soyons prudens, n'amassons rien :
Au plaisir bornons notre gloire ;
Ceux qui mangent tout vivent bien.

Je ris toujours d'un économe
Qui perd sa vie en travaillant:
On peut être un fort honnête homme

Et n'avoir pas un sou vaillant.
Amis, etc.

Le superflu si nécessaire
Nous impose de tristes lois :
Hélas ! telle est notre misère,
Qu'on ne peut pas dîner deux fois.
Amis, etc.

Souvent la morale fatigue,
Souvent on prêche sans raison ;
Parlez-moi d'un enfant prodigue
Pour faire une bonne maison.
Amis, etc.

Toujours fidèle à son principe,
Auprès de ses sacs entassés,
Harpagon meurt : son fils dissipe,
En mémoire des trépassés.
Amis, etc.

A grands frais on fait un volume
Que le connaisseur jette au feu ;
D'après cela, moi je présume
Que l'esprit rapporte bien peu.
Amis, etc.

Suivant le précepte d'un sage,
Je chante en buvant du Porto :

Je me ris du sort trop volage,
Car *omnia mecum porto*.
Amis, etc.

Vous me direz que ma recette
Mène tout droit à l'hôpital ;
Mais chez Lucifer, qui nous guette,
Nous serons logés bien plus mal.
Amis, etc.

Si notre héritage a des charmes
Pour un avide successeur,
Dans les yeux il aura des larme s,
Et trop de joie au fond du cœur.
Amis, etc.

Tous les jours notre terme arrive :
Jouissons, les momens sont courts :
Là-bas sur l'infernale rive
Les écus n'auront plus de cours.
Amis, etc.

CHANSON A BOIRE.

Air : *Le curé de Pomponne.*

Buvons, disait Anacréon ,
  Buvons, disait Horace ;
Les Grecs, les Romains du bon ton,
  Les suivaient à la trace,
Mes amis, tant que nous boirons,
  Honorons leur mémoire,
  Fêtons dans ces lurons
    Les patrons
  De la chanson à boire.

Buvons! disait ce Basselin,
  Père du Vaudeville ;
Son couplet bachique ou malin,
  Bientôt courut la ville ;
Laissant chanter au troubadour
  Et l'amour et la gloire,
  Le plaisir à son tour
    Mit au jour
  Mille chansons à boire.

Buvons! s'écriait, à Nevers,
  Ce menuisier que j'aime ;

En buvant, il faisait ses vers ;
  Il les chantait de même.
A ses coffres bien ou mal faits
  Il ne doit pas sa gloire :
  Il doit, chez les Français,
    Ses succès
  A ses chansons à boire.

Buvons ! buvons ! disait Collé,
  Et Gallet son confrère,
Et Piron toujours accolé
  Aux vrais amis du verre ;
A leurs bons mots chacun sourit ;
  Or, la chose est notoire,
  Messieurs, ce qui nourrit
    Leur esprit,
  C'est la chanson à boire.

Buvons disait le bon Panard,
  En sablant le Champagne,
Entre le grâcieux Favard
  Et sa vive compagne !
Bon Panard, on doit, au dessert,
  Entonner pour ta gloire,
  A chaque vin qu'on sert,
    Un concert
  De tes chansons à boire.

Morgué, buvons! disait Vadé
   Aux gens de la Courtille,
Et plus d'un broc était vidé
   Par plus d'un joyeux drille;
De la fatigue et du chagrin
   Garde-t-on la mémoire,
   Au bruit du tambourin,
     Du crin crin,
   Et des chansons à boire?

Buvons ce mot, ce joli mot
   Finit bien des querelles;
Par ce mot, certain Dieu marmot
   Soumet bien des rebelles:
Et quand Nicole fait du train,
   Son tendre époux Grégoire
   Prend, pour lui mettre un frein,
     Le refrain,
   D'une chanson à boire.

Buvons! buvons! dit en latin,
   Un chanoine en goguettes,
Sitôt qu'il voit le sacristain
   Apporter les burettes;
Potemus! se chante au lutrin
   Ainsi qu'au réfectoire,
   Rien n'est donc plus divin
     Que le vin,
   Et les chansons à boire.

Dans un caveau qu'on m'a vanté,
  Les auteurs, vos modèles,
A la bouteille, à la gaîté,
  Furent toujours fidèles.
Pour vous réchauffer le cerveau,
  Pour bannir l'humeur noire,
  Essayons de nouveau
    Du caveau,
  Et des chansons à boire.

SOUVENIRS D'UN VIEUX MILITAIRE.

Air *connu.*

T'en souviens-tu, disait un capitaine
Au vétéran qui mendiait son pain ?
Te souviens-tu qu'autrefois dans la plaine
Tu détournas un sabre de mon sein ?
Sous les drapeaux d'une mère chérie
Tous deux jadis nous avons combattu :
Je m'en souviens, car je te dois la vie ;
Mais toi, soldat, dis-moi, t'en souviens-tu ?

T'en souviens-tu de ces jours trop rapides
Où le Français acquit tant de renom ;
Te souviens-tu que sur les Pyramides

Chacun de nous osa graver son nom?
Malgré les vents, malgré la terre et l'onde
On vit flotter, après l'avoir vaincu,
Nos étendards sur le berceau du monde:
Dis-moi, soldat, dis-moi, t'en souviens-tu?

Te souviens-tu que les preux d'Italie
Ont vainement combattu contre nous;
Te souviens-tu que les preux d'Ibérie
Devant nos chefs ont plié les genoux?
Te souviens-tu qu'aux champs de l'Allemagne,
Nos bataillons arrivant impromptu,
En quatre jours ont fait une campagne:
Dis-moi, soldat, dis-moi, t'en souviens-tu?

Te souviens-tu de ces plaines glacées
Où le Français abordant en vainqueur,
Vit sur son front les neiges amassées
Glacer son corps sans refroidir son cœur?
Souvent alors, au milieu des alarmes,
Nos pleurs coulaient: mais notre œil abattu
Brillait encor lorsqu'on volait aux armes:
Dis-moi, soldat, dis-moi, t'en souviens-u?

Te souviens-tu qu'un jour notre patrie,
Vivante encor, descendit au cercueil,
Et que l'on vit dans la France flétrie
Des étrangers marcher avec orgueil?

Grave en ton cœur ce jour pour le maudire,
Et quand Bellone enfin aura paru,
Qu'un chef jamais n'ait besoin de te dire :
Dis-moi, soldat, dis-moi t'en souviens-tu?

T'en souviens-tu?... mais ici ma voix tremble,
Car je n'ai plus le noble souvenir ;
Viens-t'en, mon vieux, nous pleurerons ensem-
En attendant un meilleur avenir.   [ble,
Mais si la mort, planant sur ma chaumière,
Me rappelait au repos qui m'est dû,
Tu fermeras doucement ma paupière ,
En me disant, soldat, t'en souviens-tu?

JOUISSONS DU TEMPS PRÉSENT.

RONDE DE TABLE.

Air connu.

Nous n'avons qu'un temps à vivre,
Amis, passons-le gaîment :
De tout ce qui peut le suivre
N'ayons jamais aucun tourment.

A quoi sert d'apprendre l'histoire?
N'est-ce pas la même partout?

Apprenons seulement à boire ;
Quand on sait bien boire, on sait bien tout.

    Nous n'avons, etc.

Qu'un tel soit général d'armée,
  Que l'Anglais succombe sous lui ;
Moi qui suis sans renommée,
 Je ne veux vaincre que l'ennui.

    Nous n'avons, etc.

A courir sur terre et sur l'onde,
On perd trop de temps en chemin ;
Faisons plutôt tourner le monde,
Par l'effet de ce jus divin.

    Nous n'avons, etc.

Qu'un savant à chercher les planètes
Occupe son plus beau loisir ;
Je n'ai pas besoin de lunettes
Pour apercevoir le plaisir.

    Nous n'avons, etc.

Qu'un avide chimiste exhale
Sa fortune en cherchant de l'or,
J'ai ma pierre philosophale
Dans un cœur qui fait mon trésor.

    Nous n'avons, etc.

Au grec, à l'hébreu je renonce;
Ma maîtresse entend le français;
Sitôt qu'à boire je prononce,
Elle me verse du vin frais.

Nous n'avons, etc.

L'OFFICE DE BACCHUS.

Air connu.

Un chanoine de l'Auxerrois
S'endormit la veille des Rois
   Au chœur de Saint-Étienne:
Un chantre lui vint annoncer
Que c'était à lui de chanter
   La quatrième antienne;
Alors, s'éveillant en sursaut,
Au lieu d'antienne il dit tout haut:
     Eh! bon! bon! bon!
    Que le vin est bon!
   A ma soif j'en veux *boire.*

Je fus un jour aux Célestins,
Sur les sept heures du matin,
   Parler à l'un des pères;
Mais le portier me répondit:

9

Monsieur, ils sont encore au lit ;
Ils ont eu des affaires.
Excusez leur infirmité,
Toute la nuit ils ont chanté :
      Eh! bon! bon! bon! etc.

Je vis hier un cordelier
Entrer chez un cabaretier,
   Voulant me faire accroire.
Qu'il entrait là pour prier Dieu :
Moi, je lui dis que dans ce lieu
   N'était point d'oratoire ;
Mais d'un bon vin ayant goûté,
Le drôle aussitôt a chanté :
      Eh! bon! bon! bon! etc.

Après avoir bu tout le jour,
Le bon apôtre fit un tour :
   Il fut voir une femme ;
Et lui, représentant alors
Que ce qui va dans notre corps
   Ne souille point notre âme,
Il *l'embrassa* cinq ou six fois,
Puis il chantait à haute voix ;
     Eh! bon! bon! bon!
    Que le *vin* est bon!
   Qu'en dites-vous, madame ?

CHANSON BACHIQUE.

Air : *Aussitôt que la lumière.*

Aimable dieu de la treille,
Viens animer nos propos ;
Que ton jus qui nous éveille
Fasse partir les bons mots !
Célébrons avec ivresse
Ce dieu qui nous a soumis :
Buvons et chantons sans cesse
La bouteille et nos amis.

Chacun son goût, sa manie ;
La nôtre est d'aimer le vin,
De passer gaîment la vie,
Buvant ce nectar divin.
Déjà mes yeux qui se troublent
Rendent joyeux mes esprits ;
Car à la fois ils me doublent
La bouteille et mes amis.

Chanter et faire bombance,
Tel est notre unique emploi :
Que chacun avec constance

Suive cette aimable loi.
Loin de ces lieux la tristesse,
Les chagrins et les soucis !
Mais conservons-y sans cesse
La bouteille et nos amis.

Je voudrais passer ma vie
Entre Bacchus et l'Amour ;
La nuit près de mon amie,
Et près du tonneau le jour.
Mon sort est digne d'envie
Quand près de moi l'on a mis
Grand verre, femme jolie,
La bouteille et mes amis.

L'ATTENTE AU RENDEZ-VOUS.

Air : *C'est l'amour, l'amour.*

Petits oiseaux, sous la feuillée
Redoublez vos accens joyeux :
De fleurs la terre est émaillée,
Rien ne ternit l'azur des cieux.
    Lisette me pardonne,
    Et sur ces verts gazons,
    Je veux d'une couronne

Orner ses cheveux blonds.
Chantez, oiseaux, vos amours;
La jeunesse
Aime douce ivresse :
Chantez, oiseaux, vos amours;
Vite s'écoulent nos beaux jours.

Lisette est l'enfant du village
Où mes yeux virent la clarté :
Vous chantâtes dans ce bocage
Nos sermens de fidélité.
Aux laïs de la ville
J'offris la pourpre et l'or:
A pardonner facile,
Lisette m'aime encor.
Chantez, oiseaux, etc.

Dans les airs le vautour s'élance;
J'ai vu briller ses yeux perçans :
Pauvres oiseaux, faites silence;
Ne chantons pas près des méchans.
Libres sous la verdure
Où règnent les zéphyrs,
D'une existence obscure
Cachez bien les plaisirs.
Oiseaux, taisez vos amours;
La jeunesse
Aime douce ivresse ;

Oiseaux, taisez vos amours;
Vite s'écoulent nos beaux jours.

Si votre vie est passagère
Comme l'eau pure des ruisseaux,
Bientôt de votre aile légère
Vous effleurerez nos tombeaux.
 Voyageurs dans la vie,
 Il faut nous aider tous:
 Chantez pour mon amie,
 Je veillerai pour vous.
Chantez, oiseaux, etc.

Elle paraît sur la colline;
L'amour vers moi guide ses pas:
Sur son chemin la fleur s'incline
Pour baiser ses pieds délicats.
 Doux rayon de l'aurore
 Qui réjouit les cieux,
 Rose qui vient d'éclore
 Plairaient moins à mes yeux.
Chantez, oiseaux, vos amours, etc.

PINET.

FIN.

TABLE.

La Marseillaise. *Rouget de l'Isle.*   5

La Parisienne. *Casimir Delavigne.*   8

La Varsovienne. *Idem.*   10

La Cocarde tricolore. *Émile Debraux.*   14

Chant du Départ. *Chénier.*   15

Le Réveil d'une Mère Polonaise. *Pinet.*   18

Les Parisiens sont bons-là. *M. Saint-Hilaire.*   21

La Libérale.   24

A mes Amis devenus Ministres. *Béranger.*   28

Le vieux Drapeau. *Béranger.*   30

Les Gueux. *Idem.*   32

Madame d'Angoulême et son petit Chien.   35

Le grand Déménagement Royal. *T. Fondart.*   38

Chant National sur Napoléon. *G. Guénot.*   41

Le Poste d'honneur   43

Le jeune Page.   44

Les trois Couleurs.   46

Le Réveil du Peuple.   48

La Citoyenne. *Jézéquel.*   49

Ronde bachique.   51

Les Enfants de la France.   53

Le Soldat laboureur.   55

La Colonne. *É. Debraux.*   56

Joconde.   58

Le vrai Buveur. *Maître Adam.*   59

Chanson Morale. *Ségur aîné.*   61

La Tentation de Saint Antoine. *Sedaine.*   64

La Vivandière. *Béranger.*   68

Le Peintre dans son Ménage. *Désaugiers.*   71

Le ménage de Garçon. *Joseph Pain.*   75

Le Vin.   78

Fric et Froc.   80

Chanson Militaire. *Pillet.*   81

La Polonaise.   83

L'homme Accommodant.   85

Plus on est de Fous, plus on rit. *Armand Gouffé*   87

Le Cruchon.   89

Chanson morale.   91

Chanson à boire.   94

Souvenirs d'un vieux Militaire.   97

Jouissons du Temps présent.   99

L'office de Bacchus.   101

Chanson Bachique.   102

L'attente du Rendez-Vous. *Pinet.*   104